Première édition : 2023

Avertissement : Bien que l'auteur ait fait tous les efforts pour s'assurer que les informations contenues dans ce livre étaient correctes au moment de la publication, l'auteur ne donne aucune garantie ou représentation quant à l'exactitude de ces informations.

PREFACE

En parcourant l'histoire humaine, on découvre que la monnaie, bien que constante dans son utilité, a connu une évolution constante dans sa forme et sa fonction. Des coquillages aux pièces, des billets de banque aux transactions électroniques, la monnaie a été le reflet de l'évolution de nos sociétés, de nos technologies et de nos besoins. À chaque étape de cette évolution, elle a été au centre des débats, des inquiétudes, mais aussi des espoirs.

Ce livre propose d'explorer la dernière transformation majeure en cours : la numérisation de la monnaie. Dans un monde où la technologie révolutionne presque tous les aspects de notre vie, il était inévitable que la monnaie, cette institution fondamentale, subisse également sa propre révolution numérique.

Alors que certains y voient une opportunité, d'autres y voient un risque. L'adoption du Bitcoin par le Salvador, l'émergence de l'e-yuan en Chine, les débats autour d'un euro numérique en Europe tous ces événements récents montrent à quel point le sujet est brûlant et pertinent.

À travers les pages qui suivent, nous aborderons les origines de cette transformation, les acteurs clés qui la façonnent et les implications pour l'avenir du système monétaire international. Plus qu'une simple exploration académique, cet ouvrage se veut une invitation à la réflexion sur ce que pourrait être l'avenir de notre économie mondialisée dans un monde numérique.

L'enjeu n'est pas seulement économique, il est aussi politique, social et culturel. C'est avec cet esprit d'ouverture et de curiosité que je vous invite à plonger dans cette exploration du futur de la monnaie. Une chose est certaine : le voyage promet d'être passionnant.

Table des matières

INTRODUCTION

CONTEXTE ACTUEL DU SYSTEME MONETAIRE INTERNATIONAL

Depuis les accords de Bretton Woods en 1944, le système monétaire international a connu une évolution constante, adaptant ses mécanismes et ses structures aux défis économiques et politiques de chaque époque. Les dernières décennies, en particulier, ont été marquées par des changements radicaux dans la manière dont la monnaie est perçue, échangée et valorisée.

La mondialisation a joué un rôle central dans cette transformation. À mesure que les frontières économiques s'estompaient et que les échanges commerciaux augmentaient, le besoin d'un système monétaire stable et fiable est devenu plus pressant. Les flux de capitaux transfrontaliers, les investissements directs étrangers et la spéculation monétaire ont augmenté en volume, exigeant une plus grande flexibilité et réactivité des institutions monétaires.

Parallèlement à cette évolution, la montée en puissance de pays comme la Chine, l'Inde et d'autres économies émergentes a commencé à remettre en question la domination traditionnelle des économies occidentales dans la gestion du système monétaire international. Ces nouvelles puissances économiques ont cherché à avoir une voix plus importante dans les institutions monétaires internationales et à diversifier leurs réserves monétaires pour réduire leur dépendance à l'égard du dollar américain.

Les avancées technologiques, en particulier dans le domaine de la finance numérique, ont également eu un impact profond. Les transactions sont devenues plus rapides, moins coûteuses et plus accessibles, même pour ceux qui étaient auparavant exclus du système financier traditionnel. Cependant, cela a également entraîné de nouveaux défis en matière de régulation, de surveillance et de stabilité financière.

Enfin, la crise financière de 2008 a ébranlé la confiance dans le système monétaire et financier mondial. Les failles du système sont devenues apparentes, et les appels à une réforme en profondeur se sont multipliés. La réponse des banques centrales, avec des taux d'intérêt historiquement bas et des mesures d'assouplissement quantitatif, a eu des implications durables sur la dynamique monétaire mondiale.

Dans ce contexte en constante évolution, les décideurs, les économistes et les institutions sont confrontés à la tâche complexe de naviguer dans un paysage monétaire en mutation tout en assurant la stabilité et la prospérité économiques.

ÉMERGENCE DES CRYPTO-MONNAIES

Les crypto-monnaies ont émergé à l'aube du XXIe siècle comme une révolution technologique et financière, remettant en question les paradigmes traditionnels de ce que nous comprenons par "monnaie". Nées de la convergence de la cryptographie avancée et de la technologie des registres distribués, ces monnaies numériques ont promis une vision d'un système financier plus libre, décentralisé et transparent.

Le Bitcoin, introduit en 2009 par une figure ou un groupe mystérieux connu sous le pseudonyme de Satoshi Nakamoto, a été la première crypto-monnaie à gagner une reconnaissance et une adoption significatives. Avec sa proposition d'une monnaie électronique peer-to-peer, le Bitcoin a cherché à éliminer le besoin d'intermédiaires financiers, offrant des transactions directes entre les parties.

L'émergence du Bitcoin a été rapidement suivie par une myriade d'autres crypto-monnaies, chacune proposant des caractéristiques, des fonctionnalités et des visions uniques. Des monnaies comme Ethereum ont introduit le concept de contrats intelligents, permettant des applications décentralisées qui vont bien au-delà des simples transactions financières.

L'attrait des crypto-monnaies ne se limite pas à leur technologie. Pour de nombreux adoptants précoces, elles représentaient une forme de protestation contre un système financier perçu comme opaque et manipulé par des institutions puissantes. La crise financière de 2008 a renforcé cette méfiance, conduisant de nombreux individus à chercher des alternatives aux monnaies fiduciaires traditionnelles.

Cependant, avec la popularité croissante des crypto-monnaies, elles ont également attiré l'attention des régulateurs, des banquiers et des gouvernements. Les préoccupations concernant leur utilisation pour le blanchiment d'argent, la fraude, l'évasion fiscale et d'autres activités illicites ont conduit à des débats intenses sur la manière dont ces nouvelles monnaies devraient être réglementées.

De plus, la volatilité extrême des prix des crypto-monnaies a posé des questions sur leur viabilité en tant que réserve de valeur et moyen d'échange. Des bulles spéculatives, suivies de corrections drastiques, ont été courantes, conduisant à des discussions sur la nature intrinsèque de la valeur de ces monnaies numériques.

À mesure que nous avançons dans cette nouvelle ère monétaire, les crypto-monnaies continuent d'évoluer, influençant et étant influencées par le paysage financier mondial. Leur rôle futur, qu'il soit complémentaire ou disruptif par rapport aux monnaies traditionnelles, reste un sujet de débat et d'exploration.

CHAPITRE 1 : L'HISTOIRE MONETAIRE EN MUTATION

MONDIALISATION ET LIBERALISATION DES ECHANGES

La mondialisation, phénomène complexe et multifacette, est le processus par lequel les économies nationales et régionales sont devenues interconnectées et interdépendantes à une échelle sans précédent. Cela a été rendu possible grâce à une série de développements technologiques, économiques et politiques qui ont facilité la circulation des biens, des services, des capitaux et même des personnes à travers les frontières.

L'un des principaux moteurs de cette intégration économique mondiale a été la libéralisation des échanges. Depuis la fin de la Seconde Guerre mondiale, le monde a assisté à une réduction progressive des barrières tarifaires et non tarifaires, favorisée par des institutions comme l'Organisation mondiale du commerce (OMC) et des accords commerciaux régionaux. Ces mesures ont ouvert de nouveaux marchés pour les exportateurs, offrant aux consommateurs un accès à une plus grande variété de produits à des prix plus compétitifs.

La technologie a également joué un rôle crucial. L'avènement de l'internet et des technologies de l'information a révolutionné la manière dont les entreprises opèrent, permettant à des entreprises de toutes tailles d'accéder à des marchés mondiaux. Cela a conduit à l'émergence de chaînes d'approvisionnement mondiales, où les produits sont conçus dans un pays, fabriqués dans un autre et vendus dans le monde entier.

Cependant, la mondialisation et la libéralisation des échanges ne sont pas sans défis. Si de nombreux secteurs et régions ont bénéficié de la croissance économique, d'autres ont ressenti les pressions de la concurrence internationale, entraînant des pertes d'emplois dans certaines industries traditionnelles. De plus, les inégalités économiques se sont accrues dans de nombreux pays, alimentant des débats sur les véritables bénéfices de la mondialisation.

La libéralisation des flux de capitaux, parallèlement à la libéralisation des échanges, a également eu des implications majeures. Si elle a permis aux investisseurs d'accéder à de nouveaux marchés et opportunités, elle a également conduit à une volatilité accrue, comme en témoignent les crises financières en Asie de l'Est en 1997 et en Amérique latine dans les années 1980 et 1990.

En somme, la mondialisation et la libéralisation des échanges ont profondément remodelé l'économie mondiale, apportant à la fois des opportunités et des défis. Comprendre cette dynamique est essentiel pour naviguer dans le paysage économique et monétaire actuel.

NAISSANCE ET IMPACT DE L'UNION EUROPEENNE

L'Union européenne (UE) est un projet unique dans l'histoire, né de la volonté de construire un continent pacifié, uni et prospère après les ravages de deux guerres mondiales. Elle symbolise la quête de coopération, d'intégration et de solidarité entre des nations autrefois rivales.

L'UE trouve ses origines dans l'après-guerre, avec la création de la Communauté européenne du charbon et de l'acier (CECA) en 1951. Cette première étape visait à placer la production de charbon et d'acier sous une autorité commune, minimisant ainsi le risque de conflits armés entre les nations européennes, en particulier entre la France et l'Allemagne. C'était le début d'une série d'efforts pour intégrer économiquement et politiquement les pays européens.

Avec le temps, cette intégration s'est étendue à de nombreux autres domaines, conduisant à la création de la Communauté économique européenne (CEE) en 1957. L'objectif était d'établir un marché commun permettant la libre circulation des biens, des services, des capitaux et des personnes. Au fil des décennies, le nombre de pays membres a augmenté, passant de six membres fondateurs à 27 membres à ce jour.

L'introduction de la monnaie unique, l'euro, en 1999, a été un tournant majeur. Elle a non seulement renforcé l'intégration économique, mais a également nécessité une coordination politique et fiscale accrue entre les États membres. L'euro est devenu la deuxième monnaie de réserve la plus importante au monde après le dollar américain, témoignant de la puissance économique collective de l'UE.

Cependant, l'intégration européenne n'a pas été sans défis. Les différences économiques et culturelles entre les États membres, les crises financières, comme celle de la dette souveraine en 2010, et les tensions politiques ont souvent mis à l'épreuve la solidarité européenne. De plus, des débats ont émergé sur le degré d'intégration souhaitable, certains préconisant une union toujours plus étroite, tandis que d'autres plaident pour une approche plus intergouvernementale.

En dépit de ces défis, l'UE demeure un exemple remarquable de coopération régionale, influençant non seulement les dynamiques économiques et politiques de ses États membres, mais aussi façonnant les relations internationales et le système monétaire mondial. Sa naissance, son évolution et son impact sur le monde moderne sont essentiels pour comprendre le contexte économique actuel de l'Europe et au-delà.

L'EMERGENCE ECONOMIQUE DE LA CHINE

La Chine, avec sa riche histoire et sa civilisation millénaire, a traversé de nombreux bouleversements au cours du XXe siècle, allant de l'ère impériale à la fondation de la République populaire de Chine en 1949. Mais c'est véritablement à la fin du XXe siècle que la Chine a entamé une transformation économique qui l'a propulsée sur la scène mondiale en tant que superpuissance économique.

L'ouverture économique de la Chine a commencé en 1978 sous la direction de Deng Xiaoping, marquant un tournant décisif après des décennies de politiques économiques isolées et dirigistes. Avec la mise en œuvre des "Quatre Modernisations" (agriculture, industrie, défense nationale et science & technologie), la Chine a adopté une approche pragmatique, permettant une plus grande participation du secteur privé et encourageant les investissements étrangers.

Les Zones Économiques Spéciales (ZES) ont été créées le long de la côte est de la Chine, offrant des incitations pour attirer les entreprises étrangères. Ces zones sont rapidement devenues des hubs industriels, produisant une grande partie des biens manufacturés consommés dans le monde. L'énorme main-d'œuvre chinoise, combinée à une infrastructure en constante amélioration, a fait de la Chine "l'atelier du monde".

Le résultat a été une croissance économique fulgurante, avec des taux annuels souvent supérieurs à 10% pendant plusieurs décennies. Cette croissance a permis à des centaines de millions de Chinois de sortir de la pauvreté, transformant le pays d'une économie principalement agraire à une économie industrialisée et, plus récemment, à une économie axée sur les services et l'innovation.

L'adhésion de la Chine à l'Organisation mondiale du commerce (OMC) en 2001 a renforcé son intégration dans l'économie mondiale, lui donnant accès à de nouveaux marchés et solidifiant son rôle en tant qu'acteur économique majeur.

Cependant, cette ascension rapide n'a pas été sans défis. Des préoccupations environnementales, des inégalités croissantes entre les régions côtières prospères et l'intérieur plus pauvre, ainsi que des tensions commerciales avec d'autres nations, en particulier les États-Unis, ont marqué cette période de transformation.

Face à ces observations, il est clair que la gestion des taux de change est un élément déterminant pour assurer la stabilité des économies. Les fluctuations monétaires, qu'elles soient dues à des facteurs économiques, politiques ou autres, peuvent avoir des conséquences importantes sur le commerce international, l'investissement et la croissance économique. Dans ce contexte, l'introduction de l'euro a marqué un tournant dans la manière dont les taux de change sont gérés et perçus, notamment en Europe. Cette monnaie unique, en supprimant les risques de change entre les pays membres, a apporté une certaine stabilité, mais elle a aussi mis en lumière l'importance d'une gestion coordonnée et réfléchie des taux de change. Alors que le yuan cherche sa place sur la scène financière mondiale, la leçon tirée de l'expérience européenne est que la stabilité monétaire nécessite une attention constante, une collaboration entre les nations et une gestion adéquate des taux de change.

CHAPITRE 2 : LA CONVERTIBILITE MONETAIRE

LA NOTION DE CONVERTIBILITE

La convertibilité monétaire est un concept fondamental dans le monde de la finance internationale et du commerce mondial. Elle se réfère à la capacité d'une monnaie nationale à être échangée librement contre des devises étrangères, sans restrictions imposées par le gouvernement ou la banque centrale. La présence ou l'absence de convertibilité a des implications profondes pour une économie, influençant son intégration dans le système financier mondial, sa stabilité économique et sa capacité à attirer des investissements étrangers.

Il y a deux dimensions clés de la convertibilité:

1. **Convertibilité courante** : Elle se rapporte à la capacité d'échanger une monnaie pour des transactions courantes, telles que l'importation ou l'exportation de biens et services. Lorsqu'une monnaie est couramment convertible, cela signifie que les entreprises et les individus peuvent acheter des biens et des services à l'étranger sans restrictions majeures.

2. **Convertibilité en capital** : Cette dimension concerne la capacité d'échanger une monnaie pour des transactions en capital, telles que les investissements directs à l'étranger, l'achat et la vente d'actifs financiers et d'autres mouvements de capitaux. Une convertibilité en capital complète permet aux investisseurs d'entrer et de sortir librement d'une économie, ce qui peut encourager les investissements étrangers, mais peut également exposer l'économie à des mouvements de capitaux volatils.

La décision d'un pays de rendre sa monnaie convertible découle souvent d'un équilibre entre les avantages de l'intégration économique et les risques potentiels pour la stabilité financière. Les pays avec une convertibilité totale peuvent bénéficier d'une croissance économique plus rapide, d'une meilleure allocation des ressources et d'une intégration plus profonde dans l'économie mondiale. Cependant, ils sont également plus exposés aux chocs économiques externes, car les mouvements de capitaux peuvent être rapides et imprévisibles.

En outre, la convertibilité n'est pas une notion binaire; elle peut exister sur un spectre. Certains pays peuvent avoir une convertibilité limitée, imposant certaines restrictions tout en permettant la liberté dans d'autres domaines. Les décisions concernant la convertibilité reflètent souvent les conditions économiques, les priorités politiques et les préoccupations en matière de stabilité d'un pays.

En somme, la convertibilité est un élément essentiel de la dynamique monétaire internationale, agissant comme un baromètre de l'ouverture économique d'un pays et de sa position dans l'économie mondiale.

LE CAS PARTICULIER DU YUAN CHINOIS

La trajectoire du yuan chinois, aussi appelé renminbi (RMB), est une illustration fascinante de la manière dont une monnaie peut évoluer en réponse à des impératifs économiques, politiques et stratégiques. Alors que la Chine s'est transformée en une superpuissance économique mondiale, le rôle du yuan sur la scène financière internationale a connu des changements significatifs.

Historiquement, la Chine a maintenu un contrôle strict sur la convertibilité du yuan. Pendant des décennies, les autorités chinoises ont adopté une approche prudente, privilégiant la stabilité économique et évitant les chocs financiers externes. Cela a été rendu possible par des contrôles sur les mouvements de capitaux et une politique de taux de change largement fixe.

Cependant, à mesure que l'économie chinoise s'ouvrait et se développait, la pression pour une plus grande flexibilité monétaire augmentait. Le passage à un régime de taux de change plus flexible en 2005 a été un signe de cette évolution. Bien que le yuan ne soit pas entièrement convertible, la Chine a progressivement assoupli les restrictions, en particulier pour les transactions courantes.

L'internationalisation du yuan est un autre volet de cette transformation. Au cours de la dernière décennie, les autorités chinoises ont encouragé l'utilisation du yuan dans le commerce international et les transactions financières. Des accords de swap bilatéraux avec d'autres banques centrales, l'établissement de centres offshore de trading en RMB et l'ouverture du marché obligataire interbancaire aux investisseurs étrangers sont autant d'initiatives visant à renforcer la position du yuan dans les finances mondiales.

L'inclusion du yuan dans le panier des droits de tirage spéciaux (DTS) du FMI en 2016 a été un jalon majeur. Cela a non seulement reconnu le rôle croissant du yuan dans le commerce et la finance mondiaux, mais a également renforcé sa légitimité en tant que monnaie de réserve.

Cependant, l'ouverture du compte de capital et la pleine convertibilité du yuan restent des questions délicates. Les autorités chinoises sont confrontées à un équilibre délicat entre les avantages de l'intégration financière mondiale et les risques potentiels pour la stabilité financière intérieure.

En conclusion, l'évolution du yuan chinois est emblématique des défis et des opportunités auxquels sont confrontées les économies émergentes dans un monde globalisé. Son parcours offre des leçons précieuses sur les interdépendances économiques, la politique monétaire et la géopolitique financière.

COMPARAISON AVEC D'AUTRES DEVISES MAJEURES

Le paysage monétaire mondial est dominé par quelques devises majeures qui jouent un rôle central dans les transactions internationales, les investissements, la spéculation et la conservation de la valeur. En comparant le yuan chinois avec ces devises, on peut mieux comprendre sa position et son potentiel sur la scène mondiale.

1. **Dollar américain (USD):**
   - Le dollar américain est incontestablement la monnaie dominante du monde. Utilisé comme monnaie de réserve par la plupart des banques centrales, il est le principal moyen d'échange pour le commerce mondial, le pétrole et d'autres matières premières.
   - La force du dollar repose sur la taille, la diversité et la stabilité de l'économie américaine, ainsi que sur la confiance dans les institutions financières et politiques des États-Unis.
   - Les marchés financiers américains, profonds et liquides, offrent un refuge pour les investisseurs du monde entier, en particulier en période d'incertitude.

2. **Euro (EUR):**

- Depuis son introduction, l'euro est devenu la deuxième monnaie de réserve la plus importante au monde. Il représente l'union économique et monétaire de ses membres de la zone euro.

- L'euro est soutenu par la puissance économique collective de la zone euro, bien que les défis politiques et économiques, tels que les disparités économiques entre les membres et les débats sur la politique fiscale, aient parfois créé des tensions.

- En dépit de ces défis, l'euro reste une monnaie clé dans le commerce mondial et les marchés financiers.

3. Yen japonais (JPY):

- Le yen est la monnaie de la troisième plus grande économie du monde. Historiquement, le Japon est une puissance économique majeure, avec des industries avancées, une technologie de pointe et une forte capacité d'innovation.

- Le yen est souvent perçu comme une monnaie refuge en raison de la solidité des institutions financières japonaises et de la faible volatilité de l'économie japonaise.

- Les marchés financiers japonais, tout comme les américains, sont profonds et matures, attirant des investissements du monde entier.

Face à ces observations, il est clair que la gestion des taux de change est un élément déterminant pour assurer la stabilité des économies. Les fluctuations monétaires, qu'elles soient dues à des facteurs économiques, politiques ou autres, peuvent avoir des conséquences importantes sur le commerce international, l'investissement et la croissance économique. Dans ce contexte, l'introduction de l'euro a marqué un tournant dans la manière dont les taux de change sont gérés et perçus, notamment en Europe. Cette monnaie unique, en supprimant les risques de change entre les pays membres, a apporté une certaine stabilité, mais elle a aussi mis en lumière l'importance d'une gestion coordonnée et réfléchie des taux de change. Alors que le yuan cherche sa place sur la scène financière mondiale, la leçon tirée de l'expérience européenne est que la stabilité monétaire nécessite une attention constante, une collaboration entre les nations et une gestion adéquate des taux de change.

CHAPITRE 3 : LA GESTION DES TAUX DE CHANGE

IMPORTANCE DES TAUX DE CHANGE

Au cœur des transactions financières mondiales, le taux de change est le reflet de la valeur d'une monnaie par rapport à une autre. Il sert de baromètre pour mesurer la santé économique d'une nation, influençant une vaste gamme d'indicateurs économiques, de la balance commerciale à la santé des marchés financiers.

L'importance du taux de change dépasse la simple valeur numérique. Il est le reflet de la confiance des investisseurs dans l'économie d'un pays, influencé par des facteurs tels que les taux d'intérêt, la croissance économique, la stabilité politique et les perceptions du marché global. Par exemple, une hausse des taux d'intérêt peut attirer des investissements étrangers, renforçant ainsi la monnaie nationale. Inversement, des incertitudes politiques ou économiques peuvent repousser les investisseurs, provoquant une dépréciation de la monnaie.

Dans le contexte du commerce international, le taux de change joue un rôle déterminant dans la compétitivité des biens et services. Une monnaie sous-évaluée peut rendre les exportations d'un pays compétitives, stimulant ainsi sa production locale. Par contre, une monnaie forte peut rendre les importations moins chères, bénéficiant aux consommateurs mais pouvant défavoriser les producteurs locaux.

Pour les entreprises opérant à l'international, la volatilité des taux de change peut représenter un risque significatif. Les fluctuations peuvent affecter la rentabilité des contrats à l'étranger, la valeur des investissements et même la solvabilité des emprunteurs en monnaie étrangère.

Enfin, le taux de change influence également la politique monétaire. Les banques centrales peuvent intervenir sur les marchés des changes pour stabiliser ou augmenter la valeur de leur monnaie, en utilisant une gamme d'outils, de l'achat ou de la vente directe de devises à l'ajustement des taux d'intérêt.

En somme, le taux de change est bien plus qu'un simple nombre. C'est une mesure dynamique et multifactorielle de la santé économique d'une nation, imbriquée dans la complexité des marchés mondiaux, des politiques nationales et des perceptions des investisseurs. Sa compréhension est essentielle pour naviguer dans le paysage économique mondial actuel.

L'EURO ET SES MECANISMES DE TAUX DE CHANGE

L'euro, en tant que monnaie unique de la zone euro, est un phénomène exceptionnel dans le monde des devises. Sa naissance et sa gestion sont le fruit d'un effort concerté de plusieurs nations pour intégrer leurs économies et renforcer leur coopération économique et politique.

1. **Naissance de l'euro:**

   L'euro a été introduit en 1999, remplaçant les monnaies nationales de 11 pays membres initiaux. Aujourd'hui, 19 des 27 États membres de l'Union européenne ont adopté l'euro. Son introduction était le résultat d'années de planification et de préparation, visant à faciliter les échanges et les investissements au sein de l'Europe.

2. **Gestion centralisée:**

La Banque centrale européenne (BCE) est responsable de la politique monétaire de la zone euro. Contrairement aux banques centrales nationales qui peuvent ajuster leur politique monétaire en fonction des besoins spécifiques de leur économie, la BCE doit tenir compte de la santé économique de l'ensemble de la zone euro. Sa principale mission est la stabilité des prix, mais elle joue également un rôle dans la surveillance et, si nécessaire, l'intervention sur le taux de change de l'euro.

3. **Implications pour le commerce et l'investissement:**

Avec l'introduction de l'euro, les barrières commerciales et les coûts de conversion monétaire entre les pays membres ont été éliminés, stimulant le commerce intra-européen. Les entreprises peuvent également investir et emprunter à travers les frontières sans craindre les fluctuations des taux de change.

4. **Défis uniques:**

Gérer une monnaie unique pour plusieurs économies distinctes présente des défis. Les disparités économiques entre les pays membres, comme les taux de croissance, les niveaux d'endettement ou les taux de chômage, peuvent nécessiter différentes approches politiques. Or, avec une politique monétaire commune, la BCE ne peut pas toujours répondre de manière optimale aux besoins de chaque économie individuelle.

5. **L'euro sur la scène mondiale:**

L'euro est devenu une monnaie majeure dans le système financier mondial, rivalisant avec le dollar américain en termes de transactions internationales. Cependant, sa valeur est influencée non seulement par les conditions économiques de la zone euro, mais aussi par les perceptions des investisseurs sur la stabilité et la viabilité à long terme de l'Union monétaire.

En conclusion, l'euro représente une réalisation majeure en matière d'intégration économique et monétaire. Sa gestion et son évolution offrent des enseignements précieux sur les avantages et les défis de la coopération économique à une échelle régionale. La manière dont ses mécanismes de taux de change sont gérés illustre la complexité et la délicatesse de la navigation entre les besoins variés de ses États membres et les impératifs de la stabilité économique globale.

LE ROLE DU MCE II

Le Mécanisme de Change Européen II (MCE II), bien qu'il puisse sembler technique à première vue, est un élément essentiel de l'architecture financière de l'Europe. Ayant observé et analysé de près l'évolution du paysage monétaire européen au cours des quinze dernières années, je peux attester de l'importance cruciale du MCE II dans le processus d'intégration monétaire européenne.

1. **Historique du MCE:**

   Avant de parler du MCE II, il est essentiel de comprendre son prédécesseur, le MCE original, mis en place en 1979. Le MCE initial avait pour objectif de réduire la volatilité des taux de change entre les monnaies européennes, créant ainsi un environnement plus stable pour le commerce et l'investissement intra-européen. C'était une étape préparatoire vers une union monétaire.

2. **Objectifs du MCE II:**

   Mis en place en 1999, le MCE II vise principalement à servir de "salle d'attente" pour les pays de l'UE souhaitant adopter l'euro. Il garantit que les monnaies des pays candidats restent dans une bande de fluctuation étroite par rapport à l'euro, assurant ainsi une convergence économique et monétaire progressive.

3. **Stabilité et convergence:**

   Le MCE II joue un rôle crucial en garantissant que les économies des États membres convergent vers les normes de la zone euro en matière d'inflation, de taux d'intérêt et de finances publiques. C'est un processus essentiel pour garantir que l'adoption de l'euro ne crée pas de chocs économiques inattendus.

4. **Mécanismes d'intervention:**

Si une monnaie dévie de sa bande de fluctuation autorisée, des interventions coordonnées sont déclenchées. Ces interventions peuvent prendre la forme d'achats ou de ventes de devises ou d'autres mesures monétaires. Ayant assisté à plusieurs de ces interventions, je peux témoigner de leur importance pour rassurer les marchés et prévenir la contagion financière.

5. **Défis et critiques:**

Bien que le MCE II ait joué un rôle clé dans l'expansion de la zone euro, il n'est pas sans critiques. Certains experts soutiennent que le mécanisme peut être trop rigide, limitant la flexibilité des politiques monétaires nationales. D'autres soulignent que le MCE II peut parfois retarder les réformes économiques nécessaires en offrant une "béquille" temporaire.

6. **Perspectives futures:**

À mesure que l'Union européenne s'agrandit et évolue, le rôle du MCE II devra probablement être réévalué. Des questions se posent sur la pertinence du mécanisme à long terme, surtout à mesure que davantage de pays adoptent l'euro.

ANALYSE CRITIQUE DU MCE II

À travers mes nombreuses années d'expérience dans le domaine monétaire international, j'ai observé le MCE II sous différents angles, avec ses avantages indéniables mais également ses limites. Voici une analyse plus approfondie et critique du Mécanisme de Change Européen II :

1. **Avantages du MCE II**:
    *   **Stabilité**: Le MCE II a fourni un environnement stable pour les pays aspirant à rejoindre la zone euro, en réduisant la volatilité des taux de change.
    *   **Signe de crédibilité**: Pour les investisseurs, l'adhésion à ce mécanisme est souvent perçue comme un signe que le pays est sur la bonne voie pour respecter les critères de Maastricht, renforçant ainsi la confiance des marchés.
    *   **Convergence économique**: Il a aidé à aligner les politiques économiques et les performances des pays membres, créant ainsi un terrain d'entente pour l'adoption de l'euro.
2. **Limites et critiques**:
    *   **Rigidité**: Le MCE II, en maintenant les monnaies dans une bande étroite, peut parfois empêcher les

ajustements nécessaires du taux de change qui reflèteraient les réalités économiques d'un pays.

- **"One size fits all"**: Le mécanisme suppose que la même politique convient à tous, sans tenir compte des particularités et des besoins individuels des économies.

- **Retard des réformes nécessaires**: En offrant une certaine stabilité, le MCE II peut paradoxalement dissuader certains pays d'entreprendre des réformes structurelles essentielles.

- **Risques de spéculation**: Le mécanisme peut être la cible d'attaques spéculatives, comme cela a été observé avec le MCE original dans les années 1990. Les investisseurs peuvent parier contre une monnaie s'ils pensent qu'elle est surévaluée ou que le pays ne pourra pas maintenir sa position au sein du MCE II.

3. **Réflexions finales**:

La mise en place du MCE II a été un pas important vers une intégration monétaire européenne plus approfondie. Cependant, il est crucial de reconnaître ses limites. L'Europe est un ensemble diversifié d'économies avec des besoins, des défis et des structures différents. Un mécanisme qui fonctionne pour un pays peut ne pas être adapté à un autre. En tant qu'observateur et analyste, je crois fermement que pour que l'intégration monétaire européenne réussisse pleinement, elle doit être accompagnée d'une plus grande intégration fiscale et économique, tout en laissant une certaine flexibilité pour tenir compte des réalités nationales.

Ainsi, le MCE II, en tant qu'élément central de la structure financière européenne, maintient un équilibre précis entre convergence économique et stabilité monétaire. Une connaissance approfondie de celui-ci est vitale pour déchiffrer les subtilités de l'intégration financière en Europe. Cette gestion évolutive des taux de change a pavé la voie à l'exploration de nouvelles formes de monnaie, notamment les monnaies digitales.

CHAPITRE 4 : LES DEFIS DE LA MONNAIE DIGITALE

INTRODUCTION A LA MONNAIE DIGITALE

La monnaie digitale, en tant que concept, transcende la simple notion de "monnaie électronique". Elle est à l'avant-garde d'une révolution financière, façonnant la manière dont les individus, les entreprises et les gouvernements perçoivent et interagissent avec la valeur monétaire dans un monde de plus en plus numérisé.

1. Paradigme décentralisé:

Au-delà de la technologie blockchain, ce qui distingue vraiment la monnaie digitale est son paradigme intrinsèquement décentralisé. Elle remet en question le rôle traditionnel des institutions financières en tant qu'intermédiaires de confiance et redéfinit le concept de souveraineté monétaire à l'ère digitale.

2. Écosystèmes diversifiés:

Les crypto-actifs ont donné naissance à des écosystèmes entiers, des plates-formes DeFi (finance décentralisée) aux NFTs (tokens non fongibles), qui offrent des possibilités sans précédent en matière d'échange, d'investissement et de création de valeur.

3. MDBC - L'intersection de l'ancien et du nouveau:

Les Monnaies Digitales de Banque Centrale (MDBC) représentent une tentative de fusionner le meilleur des deux mondes : la confiance institutionnelle et la technologie de pointe. Elles pourraient potentiellement offrir des avantages en matière de vitesse de transaction, d'efficacité, d'inclusion financière et de souveraineté monétaire.

4. Répercussions sur la finance mondiale:

La monnaie digitale, en éliminant les frictions inhérentes aux systèmes financiers traditionnels, peut remodeler la dynamique de la finance mondiale, favorisant une plus grande inclusion financière et redéfinissant la nature même de la monnaie en tant qu'entité.

5. Défis de gouvernance:

La décentralisation, bien que prometteuse, soulève des questions cruciales en matière de gouvernance, de réglementation et de responsabilité. Comment réguler un réseau sans point central ? Comment instaurer la confiance sans recourir à des entités traditionnelles ?

6. Implications géopolitiques:

À mesure que les nations explorent et adoptent la monnaie digitale, des implications géopolitiques émergent. La monnaie, en tant qu'outil de pouvoir et d'influence, est en train d'être redéfinie, avec des nations comme la Chine en tête de la course à la MDBC.

7. Sécurité et confidentialité:

La nature digitale de ces monnaies soulève des préoccupations majeures en matière de sécurité et de confidentialité. Les questions de piratage, de vol et de surveillance sont au centre des débats, exigeant des solutions technologiques et réglementaires innovantes.

En somme, la monnaie digitale n'est pas simplement une nouvelle forme de monnaie. Elle est le reflet d'une ère où la technologie, la géopolitique, l'économie et la société convergent d'une manière sans précédent, offrant des opportunités vastes mais aussi des défis complexes. Son évolution et son adoption façonneront, sans aucun doute, le futur de l'économie mondiale, et sa compréhension est essentielle pour tous ceux qui souhaitent naviguer dans ce nouveau paradigme.

L'APPLICATION CHIVO ET SES DEFIS TECHNIQUES

L'application Chivo, lancée par le gouvernement salvadorien, a marqué un tournant historique dans la manière dont un pays souverain aborde la crypto-monnaie, en l'occurrence le Bitcoin. Cette initiative audacieuse visait non seulement à favoriser l'inclusion financière, mais aussi à attirer les investissements étrangers et à réduire les coûts des transferts d'argent. Néanmoins, la mise en œuvre d'une telle initiative à l'échelle nationale n'a pas été sans défis.

1. **Contexte de Chivo**:

   - **Motivation**: Environ 70% de la population salvadorienne n'a pas accès aux services financiers traditionnels. L'application Chivo a été présentée comme une solution pour combler ce fossé, permettant à davantage de citoyens d'accéder aux services financiers de base.

   - **Transferts de fonds**: Le Salvador dépend fortement des envois de fonds, qui représentent près de 20% du PIB. L'application Chivo vise à réduire les frais associés à ces transactions, offrant ainsi une plus grande part de ces fonds vitaux directement aux bénéficiaires.

2. **Aspects techniques de Chivo**:

- **Infrastructure**: Pour soutenir l'utilisation massive de l'application, une infrastructure solide était nécessaire. Cela comprenait des serveurs fiables, des points d'accès Internet et des kiosques physiques pour aider les utilisateurs à convertir le Bitcoin en monnaie fiduciaire.

- **Intégration avec les commerçants**: Pour que l'application soit utile, il était essentiel de garantir que les commerçants, grands et petits, puissent accepter les paiements via Chivo. Cela a nécessité une formation et un soutien technique.

3. **Défis techniques majeurs**:

- **Évolutivité**: Avec des millions d'utilisateurs potentiels, l'application devait être capable de gérer un volume élevé de transactions simultanées sans subir de temps d'arrêt.

- **Sécurité**: Les préoccupations en matière de sécurité étaient primordiales. Assurer la sécurité des fonds des utilisateurs, protéger contre les cyberattaques et garantir la confidentialité des données étaient essentiels.

- **Éducation et interface utilisateur**: Étant donné que la majorité de la population n'était pas familière avec le Bitcoin, une interface utilisateur intuitive et des ressources éducatives étaient nécessaires pour faciliter l'adoption.

- **Interruptions et bugs**: Comme avec tout nouveau logiciel, l'application Chivo a connu des interruptions et des bugs.

Ces problèmes techniques ont nécessité des réponses rapides de la part des développeurs et des techniciens.

4. Réflexions finales:

L'application Chivo représente une étape audacieuse dans l'exploration de la manière dont la crypto-monnaie peut être intégrée dans une économie nationale. Bien que ses avantages potentiels soient considérables, les défis techniques qu'elle a dû surmonter illustrent les complexités associées à la mise en œuvre d'une telle initiative. La réussite future de Chivo et d'initiatives similaires dépendra en grande partie de la capacité à résoudre ces défis tout en adaptant et en améliorant continuellement la plateforme en fonction des besoins des utilisateurs et des réalités économiques.

L'APPLICATION CHIVO ET SES DEFIS TECHNIQUES APRES DEUX ANS D'ADOPTION

L'initiative audacieuse du Salvador d'adopter le Bitcoin comme monnaie légale a été un sujet de discussion majeur sur la scène financière internationale. L'application Chivo, en tant que bras exécutif de cette politique, a été la pièce maîtresse de ce mouvement, mais, deux ans après, quels ont été les succès et les défis ?

1. **Aspirations initiales**:

   - **Réduction de l'exclusion financière**: 70% des Salvadoriens n'ayant pas accès à des services financiers traditionnels, Chivo promettait une inclusion sans précédent.

   - **Économies sur les transferts**: En facilitant les transferts d'argent depuis l'étranger, Chivo avait pour objectif d'économiser jusqu'à 400 millions de dollars de frais bancaires par an.

2. **Réalités après deux ans**:

   - **Adoption massive... sur le papier**: Bien que plus de 60% de la population ait été enregistrée comme utilisateurs de Chivo, la réalité est que moins d'un quart des Salvadoriens ont activement utilisé le Bitcoin pour les paiements, selon l'Université d'Amérique Centrale.

   - **Perception publique**: Une grande partie de la population considère l'adoption du Bitcoin comme un échec. Les critiques citent des raisons allant de la volatilité du Bitcoin à la faible utilité perçue.

3. **Défis techniques**:

   - **Sécurité et vol**: L'offre de 30 dollars en Bitcoin pour chaque nouvel utilisateur de Chivo a été exploitée par des acteurs malveillants, créant de la frustration parmi les citoyens.

- **Confusion et éducation**: Beaucoup de Salvadoriens ont confondu le portefeuille Chivo avec le Bitcoin lui-même, pensant que c'était la seule manière de détenir du Bitcoin. Cela montre un manque criant d'éducation sur la crypto-monnaie.

- **Volatilité**: La nature volatile du Bitcoin, qui est passé de 69 000 dollars à 25 000 dollars en deux ans, a contribué à la réticence des entreprises et des individus à l'utiliser.

4. **Réponse gouvernementale:**

   1. **Accent sur l'éducation**: Reconnaissant le besoin de sensibiliser davantage la population, le gouvernement salvadorien a lancé divers programmes éducatifs, tels que Cubo + et Primer bitcoin.

   2. **Infrastructure pour les écoles**: Des initiatives pour intégrer la technologie Bitcoin dans les écoles ont été lancées, avec des plans pour équiper 6 000 écoles avec des nœuds Lightning Network et des distributeurs de bitcoins.

5. **Vue d'ensemble:**

Malgré les défis, le Salvador continue de pousser pour l'adoption du Bitcoin, en espérant capitaliser sur ses avantages potentiels. Cependant, le parcours tumultueux de l'application Chivo souligne l'importance de la sécurité, de l'éducation et de la stabilité dans le déploiement de telles technologies à l'échelle nationale. Il reste à voir si le Salvador pourra surmonter ces défis et réaliser la vision complète de son président pour une économie soutenue par le Bitcoin.

VOLATILITE DES CRYPTO-MONNAIES : COMPRENDRE LE PHENOMENE

La volatilité est une caractéristique inhérente aux marchés financiers, mais dans le monde des crypto-monnaies, elle prend une dimension tout à fait unique. Avant de plonger dans les nuances, il est essentiel de comprendre ce qu'est la volatilité : elle désigne la rapidité et l'ampleur des variations de prix d'un actif sur une période donnée. Plus les fluctuations de prix sont importantes et fréquentes, plus l'actif est considéré comme volatile.

1. **Pourquoi les crypto-monnaies sont-elles si volatiles ?**
   - **Jeunesse du marché**: Contrairement aux monnaies traditionnelles soutenues par des siècles d'économie, la plupart des crypto-monnaies existent depuis moins de deux décennies. Cette relative jeunesse signifie que le marché est encore en phase d'exploration et d'ajustement.
   - **Spéculation**: De nombreux investisseurs s'approchent des crypto-monnaies non pas pour leur utilité intrinsèque, mais dans l'espoir de réaliser des profits rapides. Cette

45

spéculation peut entraîner de brusques mouvements de prix.

- **Liquidité limitée**: Contrairement aux monnaies traditionnelles, le volume d'échanges de certaines crypto-monnaies est relativement faible, ce qui peut accentuer la volatilité.

- **Informations et rumeurs**: Dans le monde des crypto-monnaies, les nouvelles (qu'elles soient positives ou négatives) peuvent provoquer de forts mouvements de prix. Une annonce réglementaire ou une rumeur sur les réseaux sociaux peut entraîner une ruée d'achats ou de ventes.

2. **La volatilité : épée à double tranchant**

- **Opportunités d'investissement**: Pour les traders aguerris, la volatilité offre des opportunités de profit. En achetant bas et en vendant haut, des gains significatifs peuvent être réalisés en peu de temps.

- **Risque accru**: À l'inverse, la volatilité signifie également un risque accru. Les investisseurs peuvent voir la valeur de leur portefeuille chuter de manière significative en très peu de temps.

3. **Comment appréhender la volatilité ?**

- **Éducation et recherche :** La compréhension approfondie du marché est essentielle avant tout investissement. Il est vital d'acquérir une connaissance des facteurs influençant la volatilité et d'apprendre à gérer leurs impacts.

- **Diversification :** Pour tout portefeuille d'investissement, la diversification est la clé. En répartissant les investissements sur différents actifs, le risque associé à la volatilité d'un actif particulier peut être atténué.

- **Perspective à long terme :** Une conviction dans la valeur à long terme d'une crypto-monnaie peut atténuer les préoccupations liées aux fluctuations à court terme.

La volatilité des crypto-monnaies, malgré sa nature imprévisible, témoigne également de l'effervescence d'un marché naissant. Pour ceux qui osent s'aventurer dans cet univers, l'éducation, une stratégie claire et un réseau de confiance pour le partage d'idées et de conseils sont essentiels. À mesure que l'écosystème des crypto-monnaies mûrit, ceux qui appréhendent cette volatilité avec sagacité et planification pourraient non seulement s'y adapter, mais également capitaliser sur ses opportunités. Dans cette toile complexe, la clé réside dans une démarche à la fois judicieuse et bien informée.

Face aux défis que posent les monnaies digitales, les Monnaies Digitales de Banque Centrale (CBDC) émergent comme une solution prometteuse, combinant la technologie blockchain avec la stabilité et la confiance d'une banque centrale. Le e-yuan en Chine sert d'exemple poignant à cet égard, illustrant comment une puissance mondiale envisage de révolutionner son système monétaire tout en adressant les préoccupations associées aux crypto-monnaies traditionnelles.

CHAPITRE 5 : LA MONNAIE DIGITALE DE BANQUE CENTRALE (CBDC)

QU'EST-CE QU'UNE CBDC ?

La Monnaie Digitale de Banque Centrale, ou CBDC, est une innovation financière majeure qui s'inscrit dans la transformation numérique du système monétaire international. Elle est conceptualisée comme une forme évoluée de la monnaie de banque centrale, adaptée à l'ère numérique et conçue pour coexister avec les formes traditionnelles de monnaie.

1. **Nature et Caractéristiques**:

   Une CBDC est une monnaie digitale émise et régulée par la banque centrale d'un pays. Elle représente une réclamation sur l'État, tout comme les billets et les pièces, mais dans une forme numérique. Contrairement aux dépôts bancaires traditionnels, qui sont des créances sur une banque commerciale, une CBDC serait une obligation directe de la banque centrale, offrant une sécurité quasi souveraine.

2. **Technologie sous-jacente**:

Bien que de nombreuses CBDC puissent être construites sur des technologies de registre distribué (Distributed Ledger Technology, DLT), similaires à celles sur lesquelles reposent les crypto-monnaies, elles ne sont pas forcément décentralisées. La structure exacte dépendra des besoins spécifiques de chaque pays et des objectifs politiques poursuivis.

3. **Rôle dans le système monétaire**:

Les CBDC peuvent servir de mécanisme pour améliorer l'efficacité des systèmes de paiement, réduire les coûts de transaction, et éventuellement remplacer une partie de la monnaie physique. Elles peuvent également jouer un rôle essentiel dans la mise en œuvre de la politique monétaire, offrant aux banques centrales des outils plus précis pour influencer l'économie.

4. **Avantages par rapport aux monnaies numériques privées**:

Alors que le paysage financier voit l'émergence de monnaies numériques privées comme le stablecoin, les CBDC offrent un niveau de confiance et de sécurité inégalé. Étant donné qu'elles sont émises par l'autorité monétaire souveraine, elles sont exemptes des risques de défaillance ou de liquidité qui peuvent affecter les monnaies privées.

5. **Implications macroéconomiques**:

L'introduction de CBDC pourrait remodeler le paysage financier mondial, en affectant la demande de monnaie, les taux d'intérêt et les flux de capitaux internationaux. Elle pourrait également jouer un rôle dans la prévention des crises financières, en fournissant un moyen sûr et rapide pour les paiements transfrontaliers.

6. **Défis réglementaires**:

Tandis que les CBDC offrent de nombreux avantages, elles présentent également des défis, notamment en matière de réglementation, de protection de la vie privée et de sécurité. Leur introduction nécessiterait une refonte complète de la réglementation monétaire, des systèmes de paiement et du cadre de surveillance financière.

En synthèse, une CBDC est bien plus qu'une simple monnaie numérique. Elle représente une évolution majeure du système monétaire, offrant des avantages significatifs en termes d'efficacité, de sécurité et de mise en œuvre de la politique monétaire, tout en posant de nouveaux défis en matière de réglementation et de gouvernance. La réussite de son introduction nécessiterait une collaboration étroite entre les décideurs politiques, les régulateurs, les experts financiers et la technologie.

LE CAS DU E-YUAN CHINOIS : UNE AVANCEE MONETAIRE STRATEGIQUE

La Chine, en tant que deuxième plus grande économie mondiale, a longtemps cherché à renforcer sa position sur l'échiquier financier international. Dans cette quête, le développement du e-yuan, ou DCEP (Digital Currency Electronic Payment), est apparu comme une étape clé.

1. **Genèse du e-yuan**:
Alors que la numérisation s'infiltre dans presque tous les aspects de la vie quotidienne en Chine, le secteur financier n'est pas en reste. Des plateformes comme Alipay et WeChat Pay ont dominé les paiements numériques, incitant le gouvernement à envisager une alternative officielle et centralisée.

2. **Objectifs stratégiques**:

La mise en place du e-yuan répond à plusieurs motivations stratégiques. D'une part, il s'agit d'affirmer la souveraineté monétaire à l'ère numérique, et d'autre part, de créer un écosystème de paiement efficace et intégré qui pourrait éventuellement s'étendre à l'international.

3. Technologie et fonctionnalités:

Bien que s'appuyant sur des technologies similaires aux crypto-monnaies, le e-yuan diffère grandement dans sa conception et son contrôle. Entièrement régulé et supervisé par la Banque Populaire de Chine, il fonctionne dans un environnement centralisé, garantissant ainsi une plus grande stabilité et une meilleure réglementation.

4. Déploiement et tests pilotes:

La Chine a adopté une approche progressive pour le déploiement du e-yuan. Plusieurs villes majeures ont été choisies pour des tests pilotes, permettant aux résidents de s'habituer au nouveau système, tout en fournissant des retours précieux pour des améliorations continues.

5. Implications globales:

L'initiative e-yuan n'est pas seulement une avancée pour la Chine, mais elle pose également des questions fondamentales sur l'avenir du système monétaire international. La manière dont d'autres nations réagiront à cette avancée, et si elles emboîteront le pas avec leurs propres CBDC, reste à voir.

En somme, l'adoption par la Chine du e-yuan est une démonstration claire de sa vision à long terme pour se positionner fermement dans le paysage financier mondial numérisé. Alors que le monde attend de voir comment cette initiative se déroulera, il est indéniable qu'elle jette les bases d'une nouvelle ère monétaire.

L'UNION EUROPEENNE ET SES PROJETS PILOTES

L'Union Européenne (UE) a reconnu l'importance croissante des monnaies digitales et le potentiel qu'elles représentent pour la transformation du système financier mondial. Dans cette perspective, l'UE a entrepris des démarches significatives pour explorer et éventuellement développer une Monnaie Digitale de Banque Centrale (CBDC) propre à l'euro.

1. **Mise en contexte**:

Avec la numérisation croissante des services financiers et la montée en puissance des crypto-monnaies, l'UE a compris la nécessité d'explorer une alternative numérique souveraine. L'objectif est de garantir une offre numérique sécurisée pour les citoyens et les entreprises, tout en soutenant l'innovation financière.

2. **Les initiatives de la BCE**:

La Banque centrale européenne (BCE) s'est montrée proactive dans ce domaine. Elle a lancé des consultations publiques et des études de recherche pour évaluer la nécessité, les avantages et les risques potentiels d'un euro numérique. Ces initiatives visent à s'assurer que toute introduction d'une CBDC serait bien adaptée aux besoins des marchés européens.

3. Objectifs stratégiques:

Pour l'UE, le développement d'une CBDC n'est pas seulement une réponse à l'évolution technologique. Il s'agit d'une démarche stratégique pour renforcer l'autonomie financière de l'Europe, tout en offrant une alternative aux initiatives privées de monnaie numérique. De plus, avec le Brexit et la montée en puissance d'autres blocs économiques, l'UE cherche à renforcer la position de l'euro sur la scène internationale.

4. Projets pilotes et collaborations:

Conformément au document fourni précédemment, l'UE a collaboré avec plusieurs banques et institutions financières pour tester la viabilité de la CBDC. Ces projets pilotes, menés dans diverses régions de l'UE, ont pour objectif d'évaluer les implications techniques, réglementaires et économiques d'une introduction de l'euro numérique.

5. Défis et implications:

Tout comme les autres initiatives CBDC à travers le monde, l'UE est confrontée à plusieurs défis. Cela inclut la garantie de la sécurité et de la confidentialité des transactions, la gestion de la volatilité potentielle et la régulation des interactions avec d'autres crypto-monnaies et actifs numériques.

6. Vision pour l'avenir:

Bien que l'UE soit encore en phase d'exploration, sa démarche vers une éventuelle CBDC montre une vision claire pour l'avenir de la finance. Elle anticipe un monde où la monnaie numérique jouera un rôle central, et elle prend des mesures pour s'assurer que l'Europe est prête pour cette évolution.

Ainsi, l'Union Européenne, par sa démarche rigoureuse et stratégique, s'affirme en tant qu'acteur incontournable dans l'évolution imminente des CBDC. Les initiatives en cours et les expérimentations démontrent la détermination de l'UE à sculpter le futur de la monnaie numérique. Toutefois, il convient de souligner l'importance du e-yuan comme l'une des premières CBDC à voir le jour, jouant un rôle phare dans ce domaine.

CHAPITRE 6 : LE E-YUAN : LA VISION CHINOISE

LA TRANSITION MONETAIRE DE LA CHINE : UN VOYAGE VERS LA DOMINANCE NUMERIQUE

La Chine, avec son histoire riche et sa position actuelle en tant que superpuissance économique, s'engage résolument dans un voyage vers la dominance monétaire numérique. Cette transition ne se réduit pas simplement à une innovation technologique, mais est profondément ancrée dans la stratégie économique, politique et sociale du pays.

1. Des origines à la modernité:

La Chine a une histoire monétaire millénaire. Des premières formes de monnaie sous les dynasties anciennes, comme les coquillages et les pièces en métal, à l'introduction du renminbi (RMB) au milieu du XXe siècle, le pays a toujours été à la pointe de l'innovation monétaire. Cette évolution est le reflet d'une nation qui s'adapte constamment à l'époque et anticipe l'avenir.

2. Le rôle du renminbi:

Depuis son introduction en 1948, le RMB a joué un rôle central dans l'économie chinoise. Sa valeur, sa distribution et son usage ont été soigneusement régulés pour soutenir les objectifs économiques du pays. Avec l'ouverture de la Chine à l'économie mondiale, le RMB a progressivement gagné en importance sur la scène internationale.

3. Des paiements traditionnels à la numérisation:

La dernière décennie a vu une explosion des paiements numériques en Chine. Des géants technologiques comme Alipay et WeChat Pay ont révolutionné la manière dont les Chinois font des transactions. Cet écosystème numérique florissant a posé les bases pour une monnaie numérique d'État.

4. Motivations stratégiques pour le e-yuan:

Au-delà des avantages technologiques, la motivation de la Chine pour le e-yuan est stratégique. En premier lieu, il s'agit de réaffirmer la souveraineté monétaire à l'ère numérique face à la montée des crypto-monnaies. Ensuite, en tant que leader économique mondial, la Chine cherche à positionner le e-yuan comme une alternative viable au dollar américain dans le commerce international.

5. **Implications pour l'économie mondiale**:

La transition vers le e-yuan ne se limite pas aux frontières de la Chine. Elle a des implications majeures pour le système monétaire international. En plaçant le e-yuan au cœur de son infrastructure financière, la Chine aspire à remodeler l'ordre économique mondial.

En synthèse, la transition monétaire de la Chine vers le e-yuan est un reflet de ses ambitions mondiales. Elle combine une riche histoire monétaire avec une vision futuriste, cherchant à redéfinir le rôle de la monnaie à l'ère numérique tout en renforçant sa position sur la scène économique mondiale.

CARACTERISTIQUES UNIQUES DU E-YUAN

Le e-yuan, en tant que Monnaie Digitale de Banque Centrale (CBDC) de la Chine, présente un ensemble de caractéristiques qui le distinguent des autres formes de monnaies numériques et traduisent la vision stratégique de la Chine pour son avenir monétaire.

1. **Contrôle centralisé**:

À la différence de nombreuses crypto-monnaies décentralisées, le e-yuan est entièrement sous le contrôle de la Banque Populaire de Chine. Cette centralisation permet une régulation plus stricte, une émission maîtrisée et une surveillance étroite des transactions, garantissant ainsi la stabilité et la confiance dans cette monnaie numérique.

2. Anonymat conditionnel:

Le e-yuan offre un équilibre entre la confidentialité et la réglementation. Les transactions sont conçues pour être privées pour les utilisateurs, mais les régulateurs ont la capacité de surveiller et d'analyser les transactions pour prévenir les activités illégales et garantir la conformité.

3. Interconnectivité et intégration:

Le design du e-yuan vise une intégration transparente avec l'écosystème financier existant de la Chine. Cela signifie qu'il peut être utilisé en parallèle avec les systèmes de paiement numériques actuels comme Alipay et WeChat Pay, facilitant ainsi sa large adoption par les commerçants et les consommateurs.

4. Adoption massive:

La Chine a déployé des efforts considérables pour encourager l'adoption généralisée du e-yuan. Des campagnes de sensibilisation ont été lancées, des tests pilotes ont été menés dans plusieurs villes, et des incitations ont été offertes pour encourager les citoyens et les entreprises à utiliser le e-yuan. Cette stratégie d'adoption massive est essentielle pour assurer le succès du e-yuan en tant que monnaie numérique dominante en Chine.

5. Interchangeabilité:

Une autre caractéristique clé du e-yuan est sa parité avec le renminbi physique. Cela garantit qu'il peut être échangé à un taux de 1:1 avec la monnaie fiduciaire, offrant ainsi une valeur stable et prévisible.

En somme, le e-yuan, avec ses caractéristiques distinctives, incarne la vision de la Chine d'une monnaie numérique souveraine, alliant modernité technologique, contrôle réglementaire, et large acceptation par la population et les entreprises.

PROMOTION ET ADOPTION LORS DES JO DE PEKIN

Les Jeux olympiques sont bien plus qu'un simple événement sportif; ils représentent une opportunité unique de mettre en avant les innovations technologiques et culturelles d'un pays hôte. Pour la Chine, les Jeux olympiques de Pékin ont été l'occasion idéale de démontrer sa maîtrise de la technologie financière numérique et de promouvoir le e-yuan.

1. Stratégie de "Rouge-paquets":

Reprenant une tradition chinoise lors du Nouvel An, où l'argent est offert dans des enveloppes rouges, la Chine a innové en distribuant des "rouge-paquets" numériques chargés de e-yuan. Ces enveloppes ont été largement distribuées à la fois aux résidents locaux et aux visiteurs internationaux, non seulement comme un moyen de promouvoir l'e-yuan, mais aussi d'intégrer cette nouvelle monnaie dans la culture populaire.

2. Partenariats avec des entités olympiques:

La Chine a collaboré étroitement avec des sponsors olympiques, des chaînes hôtelières et des commerçants pour qu'ils adoptent le e-yuan comme mode de paiement pendant la durée des jeux. Cela a permis aux athlètes, aux officiels et aux fans du monde entier de vivre l'expérience du e-yuan en temps réel.

3. Stands et ateliers:

Des stands d'information sur le e-yuan ont été établis dans tout Pékin, fournissant des informations, des démonstrations et un soutien technique. Ces stands ont joué un rôle crucial en éduquant le public sur les avantages et le fonctionnement du e-yuan.

4. Publicité globale:

Les médias internationaux présents à Pékin pour couvrir les Jeux Olympiques ont également couvert l'initiative e-yuan. Les avantages potentiels et les implications mondiales du e-yuan ont été largement discutés, renforçant l'importance de la Chine en tant que leader financier mondial.

5. Une monnaie pour le futur:

Plus qu'une simple monnaie, le e-yuan a été présenté comme une vision du futur. Avec des démonstrations en direct montrant comment le e-yuan pourrait être utilisé pour tout, des achats quotidiens aux investissements complexes, le message était clair: la Chine est prête pour l'avenir financier numérique.

Tandis que la Chine a avancé avec détermination dans la mise en œuvre du e-yuan, l'Europe n'est pas en reste. Reconnaissant le potentiel des monnaies numériques, la Banque centrale européenne envisage sa propre version d'une monnaie numérique. Bien que les détails soient encore en cours d'élaboration, il est clair que l'avenir financier mondial s'oriente de plus en plus vers le numérique, et les grandes puissances mondiales ne veulent pas être laissées pour compte.

CHAPITRE 7 : L'EURO NUMERIQUE : L'AVENIR EUROPEEN

L'IDEE DERRIERE L'EURO NUMERIQUE

Dans un monde de plus en plus interconnecté et numérisé, le besoin d'une monnaie qui reflète cette réalité devient impératif. L'euro numérique n'est pas simplement une réponse à la montée des cryptomonnaies, mais une vision proactive de ce que devrait être la monnaie à l'ère numérique.

1. Une réponse proactive à l'évolution mondiale

Alors que la Chine a fait un pas audacieux en annonçant son projet de crypto yuan dès 2014 et en le formalisant en 2019, l'Europe n'est pas restée inactive. L'annonce de la Chine, couplée à la révélation du projet Libra de Facebook en juin

2019, a servi de catalyseur pour l'Europe. Une association de banques allemandes, rassemblant plus de 200 institutions financières, a appelé à la création d'un « euro digital » en octobre 2019. De plus, la Banque de France a exprimé en décembre 2019 sa volonté d'introduire une monnaie digitale, l'e-euro, pour compléter la monnaie physique actuelle.

2. Un euro numérique distinctif

L'euro numérique, tel que défini par la BCE, serait une monnaie électronique soutenue par une banque centrale, garantissant rapidité, facilité et sécurité pour tous les utilisateurs, qu'ils soient particuliers ou entreprises. Contrairement à d'autres formes de monnaie digitale, l'euro numérique ne cherche pas à remplacer la monnaie existante, mais plutôt à la compléter. Il permettrait également de réaliser des transactions électroniques en dehors du système bancaire pour ceux qui détiennent un portefeuille numérique auprès de leur banque centrale nationale.

3. Des motivations politiques et économiques

La poussée vers l'euro numérique ne découle pas simplement d'une course technologique, mais s'inscrit également dans un contexte politique et économique. Les monnaies virtuelles des géants du web, comme les "twollars" de Twitter et les "amazon coins" d'Amazon, ainsi que l'e-yuan, ont mis en évidence le pouvoir potentiel des monnaies digitales. Sur le plan économique, l'évolution des comportements sociaux liés à l'utilisation de nouvelles technologies a conduit à une réduction des paiements en espèces, un phénomène qui s'est accentué avec la pandémie de la COVID-19.

4. Un parcours bien planifié

- **Phase de consultation (2020-2021)**

  La BCE a lancé une vaste consultation en ligne en octobre 2020 pour recueillir des opinions sur la création d'un euro numérique. Les résultats de cette enquête, publiés en avril 2021, montrent une forte préférence pour la protection de la vie privée.

- **Phase de réalisation**

  Le choix de la technologie est crucial. Bien que la blockchain soit privilégiée, elle ne garantit pas l'anonymat complet des transactions, ce qui pose des questions sur la vie privée. La BCE espère finaliser la conception de l'euro numérique d'ici début 2023 et développer un prototype dans les mois suivants. L'introduction officielle de l'euro numérique pourrait avoir lieu entre 2025 et 2026.

En somme, l'euro numérique est un projet ambitieux qui vise à adapter la monnaie de l'Europe aux réalités du 21ème siècle. Tout en étant une réponse à des initiatives mondiales, il reflète également des préoccupations internes spécifiques à l'Europe. La route vers sa réalisation sera complexe, nécessitant consensus et collaboration entre les États membres. Mais une fois achevé, il pourrait redéfinir le paysage financier de l'Europe et, par extension, du monde.

En somme, l'euro numérique vise à fusionner le meilleur des deux mondes : d'une part, les prouesses et les avantages inégalés de la technologie numérique, et d'autre part, la robustesse, la stabilité et la confiance profondément ancrées que les citoyens européens accordent à l'euro en tant que monnaie. Ce n'est pas simplement une réaction aux tendances actuelles, mais une anticipation visionnaire des besoins futurs. En embrassant l'ère numérique, l'Europe se positionne non seulement pour répondre aux défis du 21ème siècle, mais aussi pour saisir les vastes opportunités qui se présentent. L'euro numérique est plus qu'une monnaie; il symbolise l'adaptabilité, l'innovation et l'ambition de l'Europe à l'aube d'une nouvelle ère monétaire.

CALENDRIER DE MISE EN ŒUVRE

1. Phase de consultation (Octobre 2020 - 2021)

- **Octobre 2020**: Lancement officiel de la consultation publique en ligne par la BCE. Les citoyens, universitaires, secteur financier et autorités publiques sont invités à partager leurs points de vue sur les avantages et inconvénients potentiels de l'euro numérique.

- **14 Avril 2021**: Publication des résultats de la consultation. La protection de la vie privée est identifiée comme la principale préoccupation des répondants.

2. Phase des expérimentations (Juillet 2021 - Début 2023)

- **14 Juillet 2021**: Début de la phase d'expérimentations avec des projets pilotes, notamment sur le choix technologique à adopter pour l'euro numérique. Plusieurs solutions, dont la blockchain, sont envisagées.

3. Phase de conception (Début 2023 - Mi 2023)

- **Début 2023**: Finalisation des décisions concernant la conception de l'euro numérique, en tenant compte des résultats de la consultation et des expérimentations.

- **Mi 2023**: Développement d'un prototype de monnaie électronique soutenu par la banque centrale. Les spécifications techniques, les aspects de sécurité et la gestion de la confidentialité seront au cœur de cette étape.

4. Phase de déploiement (Mi 2023 - 2025/26)

- **Mi 2023 - Fin 2024**: Tests approfondis du prototype dans des environnements contrôlés pour identifier et résoudre les éventuels problèmes.

- **2025**: Préparation au lancement officiel de l'euro numérique. Cette étape comprendra une campagne d'information à l'échelle de l'UE pour informer les citoyens et les entreprises sur les fonctionnalités et les avantages de la nouvelle monnaie.
- **2025/26**: Lancement officiel de l'euro numérique. La date précise dépendra des résultats des phases précédentes et de la préparation des infrastructures.

Il est important de noter que ce calendrier est basé sur les informations actuelles et pourrait être sujet à des modifications en fonction des défis rencontrés et des décisions prises par les acteurs impliqués.

ROLE ET IMPLICATIONS DES BANQUES CENTRALES

Les banques centrales, au cœur du système financier, auront une place prépondérante dans la mise en place et la régulation de l'euro numérique. Leur expertise et leur capacité à stabiliser les marchés seront essentielles pour assurer le succès de cette initiative.

L'émission de l'euro numérique sera directement supervisée par les banques centrales, tout comme elles émettent aujourd'hui des billets de banque. Cette responsabilité garantira que l'euro numérique soit soutenu par une entité fiable, assurant ainsi la confiance des utilisateurs.

En plus d'émettre la monnaie, les banques centrales seront chargées de définir le cadre réglementaire de son utilisation. En établissant des règles claires, elles garantiront un environnement de paiement sûr et efficace, tout en s'assurant que l'euro numérique est conforme aux normes internationales.

La stabilité financière est une autre préoccupation majeure. L'introduction d'une nouvelle forme de monnaie pourrait, si elle n'est pas bien gérée, créer des risques pour le système financier. Les banques centrales joueront un rôle essentiel pour s'assurer que l'euro numérique ne menace pas la stabilité financière, notamment en prévenant les risques de fuites massives de dépôts bancaires ou de crises de liquidité.

La protection de la vie privée est une priorité. Tout en garantissant la sécurité des transactions et la confidentialité des données des utilisateurs, les banques centrales devront également équilibrer les exigences de conformité, telles que la lutte contre le blanchiment d'argent.

Pour assurer une transition en douceur vers l'euro numérique, il sera crucial que celui-ci s'intègre de manière transparente avec les systèmes de paiement existants. Les banques centrales travailleront en étroite collaboration avec le secteur financier pour garantir cette intégration.

Enfin, l'éducation sera une étape clé du processus. Les banques centrales devront informer le public et les entreprises sur l'utilisation de l'euro numérique, ses avantages, ses risques et son fonctionnement. Elles continueront également à mener des recherches pour améliorer l'euro numérique, en se basant sur les retours d'expérience des utilisateurs et les avancées technologiques.

Dans ce contexte, les banques centrales se positionnent comme le fondement essentiel du succès de l'euro numérique, assurant sa confiance, sa stabilité et sa sécurité.

CONCLUSION

BILAN DES ÉVOLUTIONS MONETAIRES MAJEURES

Le paysage monétaire mondial a connu des évolutions significatives, notamment avec l'émergence des monnaies numériques, les interventions des banques centrales et les changements dans le comportement des consommateurs et des entreprises. Alors que nous nous dirigeons vers une ère de monnaies digitales et d'intégration financière, il est essentiel de récapitululer les points clés qui ont été abordés au cours de cette exploration.

Par ailleurs, l'évolution du système monétaire international a été marquée par des changements constants. Les économies mondiales ont traversé des périodes de mondialisation, d'intégration régionale avec des entités comme l'Union européenne, et d'émergence de nouvelles puissances économiques telles que la Chine. Ces transitions ont montré la nécessité pour les nations et les blocs économiques d'être flexibles et adaptatifs pour rester pertinents et compétitifs sur la scène mondiale.

Ensuite, l'arrivée des crypto-monnaies a bouleversé le monde financier traditionnel. Ces monnaies numériques, bien que controversées, ont introduit des concepts novateurs tels que la décentralisation, offrant une alternative aux systèmes monétaires centralisés. Parallèlement, les Monnaies Digitales de Banque Centrale (CBDC) ont tenté de combiner le meilleur des deux mondes : la sécurité et la régulation des monnaies traditionnelles avec les avantages technologiques des crypto-monnaies.

D'autre part, malgré la révolution numérique, les banques centrales demeurent au cœur du système monétaire. Elles jouent un rôle essentiel dans la gestion des taux de change, la surveillance de la stabilité financière et désormais, l'exploration et la mise en œuvre des CBDC. Leur rôle en tant que gardiens de la monnaie et régulateurs est plus crucial que jamais à l'ère numérique.

Cependant, l'avènement de la monnaie digitale n'est pas sans défis. La volatilité, les préoccupations en matière de sécurité, les implications réglementaires et les problèmes d'adoption sont autant de défis à surmonter. Mais, les opportunités qu'elles offrent en termes d'inclusion financière, de rapidité des transactions et de réduction des coûts sont inégalées.

Ainsi, ces points clés offrent une vue d'ensemble des tendances actuelles et des défis futurs du système monétaire mondial. Alors que nous progressons, les implications de ces évolutions pour le monde monétaire continueront de façonner notre compréhension et notre interaction avec la finance.

IMPLICATIONS FUTURES POUR LE MONDE MONETAIRE

L'hégémonie du dollar en tant que monnaie de réserve mondiale a façonné le commerce et les finances mondiales pendant des décennies. Cependant, avec l'ascension de la Chine et la montée en puissance de l'euro, le dollar est confronté à des défis sans précédent. La Chine, en prenant de l'avance avec le lancement de l'e-yuan, a clairement indiqué sa volonté de remodeler le système monétaire international. Bien que le dollar ne disparaisse pas de sitôt, sa position dominante sera certainement remise en question à mesure que d'autres monnaies numériques gagneront en importance.

Face à cette situation, l'avenir du système monétaire mondial semble s'orienter vers une multipolarité, où plusieurs monnaies fortes coexisteront. Cela pourrait entraîner une distribution plus équilibrée du pouvoir économique, réduisant ainsi la capacité d'une seule monnaie à dicter les tendances mondiales. Une telle évolution pourrait également contribuer à stabiliser l'économie mondiale, car les chocs économiques dans une région spécifique auront un impact moindre sur le système global.

Pourtant, si les monnaies digitales offrent de nombreuses opportunités, elles présentent également des défis considérables. La régulation, la sécurité, l'interopérabilité et l'adoption par le grand public seront des problématiques majeures à résoudre. De plus, la transition vers des monnaies numériques pourrait perturber le système financier traditionnel, nécessitant des ajustements significatifs de la part des institutions financières et des régulateurs.

En conséquence, la combinaison de ces facteurs indique que le monde est à l'aube d'une révolution monétaire. Alors que les monnaies traditionnelles, comme le dollar, continueront d'exister, elles cohabiteront avec des monnaies numériques, conduisant à une réorganisation du paysage financier mondial. Cette transformation sera le résultat d'interactions complexes entre les avancées technologiques, les décisions politiques et les préférences des consommateurs.

Pour conclure, l'avenir du monde monétaire s'annonce passionnant et complexe. Les innovations technologiques, couplées aux dynamiques géopolitiques, redéfiniront la manière dont les individus et les entreprises interagissent avec la monnaie. Il est donc essentiel pour les acteurs concernés de rester vigilants et adaptatifs face à ces évolutions imminentes.

ANNEXE

GLOSSAIRE DES TERMES

Blockchain : Une technologie de registre distribué qui enregistre et sécurise les transactions en utilisant une chaîne de blocs de données liées, assurant la transparence et la sécurité.

Cryptomonnaie : Une forme de monnaie numérique basée sur la cryptographie pour sécuriser les transactions, réguler la création de nouvelles unités et vérifier le transfert d'actifs.

Monnaie digitale de banque centrale (CBDC) : Une monnaie numérique émise et garantie par une banque centrale nationale, souvent utilisée comme complément ou alternative à la monnaie physique.

Volatilité : La mesure de la variation des prix ou de la valeur d'un actif financier, notamment des cryptomonnaies, sur une période de temps donnée.

Taux de change : Le taux auquel une devise peut être échangée contre une autre, déterminé par le marché des changes.

Union Européenne : Une organisation supranationale composée de 27 pays européens, créée pour promouvoir la coopération économique et politique entre ses membres.

Convertibilité monétaire : La capacité d'une devise à être échangée librement contre d'autres devises ou à être utilisée dans les transactions internationales.

E-yuan : La monnaie numérique de la Banque populaire de Chine (PBOC), équivalente électronique du yuan chinois.

Bitcoin : La première et la plus connue des cryptomonnaies, créée en 2009 par une entité ou une personne inconnue sous le pseudonyme de Satoshi Nakamoto.

Mondialisation : Le processus d'interconnexion et d'interdépendance croissantes des économies, des cultures et des sociétés à l'échelle mondiale.

Libéralisation des échanges : La réduction des barrières tarifaires et non tarifaires au commerce international, favorisant la libre circulation des biens et des services entre les pays.

Portefeuille crypto : Un emplacement sécurisé pour stocker, gérer et effectuer des transactions avec des cryptomonnaies, comprenant des clés privées et publiques.

Fed : La Réserve fédérale des États-Unis, la banque centrale du pays, responsable de la politique monétaire et de la stabilité financière.

BCE : La Banque centrale européenne, l'institution monétaire de la zone euro, responsable de la politique monétaire et de la stabilité des prix dans la région.

REFERENCES

Introduction :

1. Nakamoto, S. (2008). Bitcoin: A Peer-to-Peer Electronic Cash System. Bitcoin.org.

Chapitre 1 : L'Histoire Monétaire en Mutation :

1. Kindleberger, C. P. (2005). Manias, Panics, and Crashes: A History of Financial Crises. Wiley.

2. Eichengreen, B. (2008). Globalizing Capital: A History of the International Monetary System. Princeton University Press.

3. Rodrik, D. (2011). The Globalization Paradox: Democracy and the Future of the World Economy. W.W. Norton & Company.

Chapitre 2 : La Convertibilité Monétaire :

1. Chui, M., & Fung, B. S. (2014). China's Evolving Exchange Rate Regime. Hong Kong Monetary Authority.

2. Eichengreen, B. (2007). The Real Exchange Rate and Economic Growth. Commission on Growth and Development Working Paper No. 2.

Chapitre 3 : La Gestion des Taux de Change :

1. ECB. (2020). The Euro: International Role and Challenges. European Central Bank.

2. Zhang, T., & Wang, P. (2015). The Euro's Impact on Trade in a Dynamic Setting. European Central Bank Working Paper No. 1832.

Chapitre 4 : Les Défis de la Monnaie Digitale :

1. Roubini, N., & Mihm, S. (2010). Crisis Economics: A Crash Course in the Future of Finance. Penguin Books.
2. Mancini-Griffoli, T., et al. (2020). Casting Light on Central Bank Digital Currency. International Monetary Fund.

Chapitre 5 : La Monnaie Digitale de Banque Centrale (CBDC) :

1. BIS. (2020). Central Bank Digital Currencies: Foundational Principles and Core Features. Bank for International Settlements.
2. RBA. (2018). Central Bank Digital Currency—Concepts and Practicalities. Reserve Bank of Australia.

Chapitre 6 : Le e-yuan : La Vision Chinoise :

1. PBOC. (2020). Report on the Investigation and Study of Digital Currency. People's Bank of China.
2. Jin, S. (2018). The Digital Currency Challenge: Shaping Online Payment Systems through U.S. Financial Regulations. Yale Journal of Law & Technology, 20(2).

Chapitre 7 : L'Euro Numérique : L'Avenir Européen :

1. ECB. (2021). Report on a Digital Euro. European Central Bank.
2. Lagarde, C. (2019). An ECB Digital Currency – A flight of fancy? But worth exploring. European Central Bank Speech.

Cette liste de références comprend des travaux académiques, des rapports de banques centrales et des livres essentiels qui ont influencé le contenu du livre. Elle est destinée à aider les lecteurs à approfondir leur compréhension des sujets abordés dans chaque chapitre.